AF143779

BEI GRIN MACHT SICH IHR
WISSEN BEZAHLT

- Wir veröffentlichen Ihre Hausarbeit,
  Bachelor- und Masterarbeit

- Ihr eigenes eBook und Buch -
  weltweit in allen wichtigen Shops

- Verdienen Sie an jedem Verkauf

Jetzt bei www.GRIN.com hochladen
und kostenlos publizieren

Vor- und Nachteile von künstlicher Intelligenz in den Medien

Jan Faky

Bibliografische Information der Deutschen Nationalbibliothek:

Die Deutsche Nationalbibliothek verzeichnet diese Publikation in der
Deutschen Nationalbibliografie; detaillierte bibliografische Daten sind
im Internet über http://dnb.d-nb.de abrufbar.

ISBN: 9783346901965
Dieses Buch ist auch als E-Book erhältlich.

© GRIN Publishing GmbH
Trappentreustraße 1
80339 München

Druck und Bindung: Books on Demand GmbH, Norderstedt Germany
Gedruckt auf säurefreiem Papier aus verantwortungsvollen Quellen

Das Buch bei GRIN: https://www.grin.com/document/1370320

Kurs: Gesellschaft und digitale Medien

Seminararbeit: Big Data und künstliche Intelligenz (KI) – Auswirkungen für Medien und Gesellschaft

Aufgabestellung 3: welche Vor- und Nachteile hat den Einsatz von künstlicher Intelligenz in den Medien?

Verfasser: Jan Faky / B. Sc. Psychologie

Datum der Abgabe: 04.04.2022

Inhaltsverzeichnis

Abbildungs- und Tabellenverzeichnis

Abkürzungsverzeichnis

KI.. künstliche Intelligenz

bzw. .... beziehungsweise

ca. .... circa

evtl. .... eventuell

1. Einleitung

Die heutige Medienwelt befindet sich in einer Phase ständiger Transformation, die unter anderem durch die bisherigen Fortschritte der Digitalisierung sowie die zunehmende Nutzung von Computer, Internet und sozialen Medien geprägt ist. Dies macht sich in verschiedenen Arbeitsbereichen und sogar im Alltag durch die Nutzung von Dialoge-Robotern bzw. Sprachassistenten wie Siri oder Alexa bemerkbar, die zugleich als Medium und Werkzeug einer neuen zwischenmenschlichen Kommunikationswelt fungieren (Sieber, A., 2019).

Auch wenn es uns nicht offensichtlich ist, werden ähnliche fortgeschrittene technologische Systeme mit künstlicher Intelligenz heutzutage im Roboterjournalismus mithilfe bestimmter Algorithmen überwiegend auch in Medienbranchen benutzt, um Informationen beispielsweise über den Verkehr in verschiedenen Regionen oder das Wetter automatisiert zu produzieren. Diese Zahlreiche Anwendungen und ihre Potenziale bringen allerdings Herausforderungen mit sich. Ob diese Systeme Journalisten oder Autoren ersetzen und wie den Einsatz von künstlicher Intelligenz uns beeinflusst, werden im Rahmen dieser Seminararbeit verdeutlicht.

Beginnend werden allgemeine Begriffe wie Roboterjournalismus und künstliche Intelligenz genauer definiert, um die darauffolgenden, multimodalen und vorteilhaften Anwendungen in den Medien besser verstehen zu können. Darüber hinaus werden weitere Perspektiven sowie Vor- und Nachteile vom Einsatz dieser Art von komplexen autonomen Systemen diskutiert.

1.1. Was ist künstliche Intelligenz?

Unter künstlicher Intelligenz oder KI versteht Man einen sehr weiten Begriff, der auf vielen Ebenen kontrovers diskutiert wird. Allgemein wird dies als der Versuch, ein System zu entwickeln, welches eigenständig komplexe Probleme bearbeiten kann, definiert (Kirste, Schürholz, 2019). Ein System gilt als intelligentes System also erst, wenn die selbstständige effiziente Problemlösung gewährleistet ist, während der Grad seiner Intelligenz vom Grad seiner Selbstständigkeit und der unterschiedlichen Komplexität des Problems abhängt. Das heißt, je selbstständiger bzw. automatisierter das Problemlösungsverfahren eines Systems evtl. funktioniert, desto intelligenter wird es (Mainzer, 2016).

Eine ähnliche Definition des Begriffs besagt, dass künstliche Intelligenz die Fähigkeit eines Computers oder computergesteuerten Roboters ist, Aufgaben zu lösen, die normalerweise von intelligenten Wesen bzw. Menschen erledigt werden. Somit soll das System in der Lage sein, sich ähnlich wie Menschen zu verhalten und selbstständig zu lernen, um die durch Menschen geführten Aufgaben selbst übernehmen zu können (Copeland, 2019).

Aufgrund dieser zentralen Rolle der KI als Treiber der Digitalisierung werden unsere heutigen Gesellschaften, Arbeitsleben, Wirtschaft und nahezu alle anderen Lebensbereiche in grundlegender Weise verändert. Der Vielfalt der Anwendungsbereiche steigt somit rasch an und nimmt uns Routinearbeiten ab oder unterstützt uns bei verantwortungsvollen Tätigkeiten. Um dies allerdings gewährleisten und aufrechterhalten zu können, müssen die KI-Systeme dementsprechend über ähnliche Intelligenzkomponente wie die menschliche Intelligenz verfügen (Paaß, G., Hecker, D.,2020). Laut der Theorie der multiplen Intelligenzen von Gardner (1983) gibt es acht verschiedene Dimensionen bezüglich Intelligenz, die in der folgenden Abbildung dargestellt werden.

Abbildung 1 (Foto): Clean PNG, angelehnt an Gardner (1983)

Daraus lässt sich ableiten, dass die KI-Systeme über zahlreiche Fähigkeiten und Funktionen bezüglich zwischenmenschlicher Beziehungen, logisch-mathematischer Wahrnehmung sowie verbal-linguistischer Kenntnissen verfügen müssen. Um zu beurteilen, dass ein Computersystem allerdings intelligent ist, werden bestimmte Testverfahren zur Datenerkennung und -transformation in den jeweiligen Dimensionen der Intelligenz durchgeführt (Paaß, G., Hecker, D.,2020).

1.2.　Roboterjournalismus

Bei Roboterjournalismus, auch bekannt als algorithmischer oder automatisierter Journalismus werden KI-Systeme zur Produktion von Nachrichtenbeiträgen unter Verwendung von algorithmischen Computerprogrammen und Daten benutzt. Dies ermöglicht also die Erstellung von automatisch generierten Texten auf Basis von strukturierten Daten und gilt daher als einer der größten technologischen Fortschritten in der heutigen Medienwelt (Reichelt, 2017).

Nichtsdestotrotz kann auf die Rolle der Menschen in diesem Prozess nicht gänzlich verzichtet werden, da diese vorab Konzepte erstellen, Textbausteine fertigen und das System dementsprechend programmieren müssen. Die KI-Systeme sind also keine Roboter oder Journalisten, sondern Software-Bots, die nach der finalen Programmierung durch Journalisten automatisiert eingesetzt werden können. Sofern ein Journalist den Beitrag überprüft und/oder anpasst, liegt kein Roboterjournalismus im engeren Sinn vor (Habel, 2019). Generell lässt sich also sagen, dass ,,KI-Systeme nur so viel leisten, wie Man ihr beigebracht hat – und nicht mehr'' (Tusch, 2017). Anschließend wird auf die hilfreichen Anwendungsgebiete dieser Software-Bots und ihre Potenziale in den Medienbranchen näher eingegangen.

2.　Wie hilfreich sind Software-Bots eigentlich?

Um diese Frage beantworten zu können, müssen die Potenziale der KI-Systeme bzw. Software-Bots in der Medienwelt in Betracht gezogen werden. In einer internationalen Umfrage des Reuters Institute for the Study of Journalism an der Oxford Universität sehen ca. 70 Prozent der Medienmanager/-innen KI als die wichtigste Technologie ihrer Branche an (Reuters Institute, 2020).

Daher ist die Anwendung von KI im Mediensektor ausgebreitet und reicht von Datenerkennung und -analyse, über bestimmte Text- und Multimediaanalysesystemen wie bei Verkehrsinfo und Wetterberichten, bis hin zu sehr spezifischen Einsatzmöglichkeiten in der Gesichtserkennung und Objektdetektion– sogar ohne das direkte Wissen der dortigen erwerbstätigen. Dies zeigt eine Umfrage von erwerbstätigen bezüglich der Nutzung von digitalen KI-Systemen erfragt wurden. Als Ergebnis der direkten Erfragung geben ca. 20 Prozent an, solche Systeme zu nutzen, während bei einer indirekten Umfrage – also ohne die Nennung des KI-Begriffs fast doppelt so viele Personen angeben, dass Sie digitale Systeme mit entsprechenden Funktionen zwecks Entlastung der Routinearbeiten arbeiten. Die folgenden Diagramme dienen der Darstellung, dass viele demnach mit KI-Systemen arbeiten, ohne dies überhaupt zu wissen (SOEP-IS, 2019).

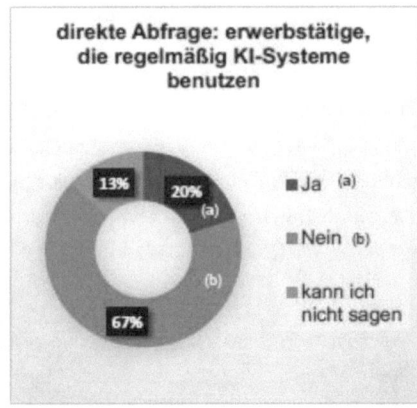
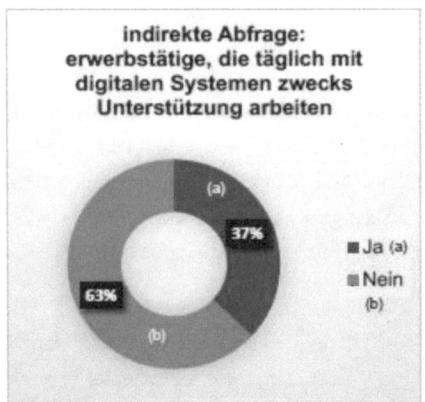

Abbildung 2(links)/Abbildung 3 (rechts): eigene Darstellung, angelehnt an SOEP-IS (2019)

3. Nutzung von KI-Systemen im Alltag

Generell sind KI-Systeme in vielen Bereichen des Alltags und Arbeitslebens einsetzbar und ermöglichen dadurch die Interaktion der Objekte mit sich selbst oder mit ihrer Umgebung. Beispielsweise ist es derzeit möglich, die eigene Haustechnik mit einem intelligenten System (Smart Home) zwecks Überwachung und Steuerung von Heizung, Energie oder auch Wasser zu verbinden. Weitere Beispiele zeigen sich bei vernetzten Autos, Verkehrssteuerungsanlagen, Lebensmittelkontrolle sowie auch im Medizinbereich zwecks Fernüberwachung der Vitalfunktionen und Auslösung eines Notfallalarms bei Bedarf (Cornelius, 2019). Im Rahmen dieser Seminararbeit wird allerdings lediglich den Einsatz von KI-Systemen im Mediensektor unter die Lupe genommen.

3.1. Anwendungsgebiet: Mediensektor

Wie bereits oben erwähnt, werden in der jetzigen Medienwelt die sogenannten Software-Bots verstärkt in der Nachrichtenbranche benutzt bzw. von Menschen mit entsprechenden Algorithmen programmiert, um über begrenzte Bereiche wie Gefahrenmeldungen des Verkehrs, Sports oder Wirtschaft innerhalb Sekunden zu berichten. Die Süddeutsche Zeitung hat beispielsweise im Oktober 2018 ein KI-System zwecks Berichterstattung zur bayerischen Landtagswahl benutzt, in dem die Ergebnisse der 91 Wahlkreisen analysiert wurden. Solche Analyseprozesse wie diese wären für Redaktoren und Reporter ohne den Einsatz von KI in dieser Geschwindigkeit nicht möglich. Außerdem hat die BBC einen Chat-Bot bzw. elektronischen Gesprächspartner entwickelt, um Nutzerfragen auf Basis seriöser Informationen zu beantworten. Andere Medienfirmen benutzen KI, um potenzielle Abonnenten für ihre Kanäle zu identifizieren oder ihre Archive zugänglicher zu machen. Die Los Angeles Times Zeitung hat wiederum eine KI namens Quakebot programmiert, die aus geografischen Daten Nachrichten über Erdbeben kurz nach dem Ende der Erschütterung generiert (Kreye, 2021).

Zu den wichtigsten Anwendungsbereichen der KI in den Medien zählt die Content- bzw. Inhaltsproduktion, welche verschiedene Gebiete wie Textgenerierung, Multimediagenerierung und Qualitätsverbesserung für Barrierefreiheit oder Mehrsprachigkeit beinhaltet. Beispielsweise kennt Man bereits das Thema des Bearbeitens von Highlights bei Sportnachrichten, wenn etwa Fußballspiele automatisch nach den wichtigsten Sequenzen zusammengefasst werden. Ein weiterer, wichtiger Bereich ist die individuelle Content-Platzierung und -Verknüpfung: Diese Art von KI-Technologien betreffen die Individualisierung von Inhalten und Werbung (zum Beispiel auf der Startseite von Konsumenten). Ein damit verbundenes Thema ist das Einfügen von Werbung und die Überprüfung, ob die Inhalte zum Werbekunden auf Basis ihrer individuellen Interessen und Suchverlauf passen (Horizont, 2021). Die Wichtigkeit der KI-Anwendung für Medienunternehmen lässt sich anhand des folgenden prozentualen Diagramms genauer erklären.

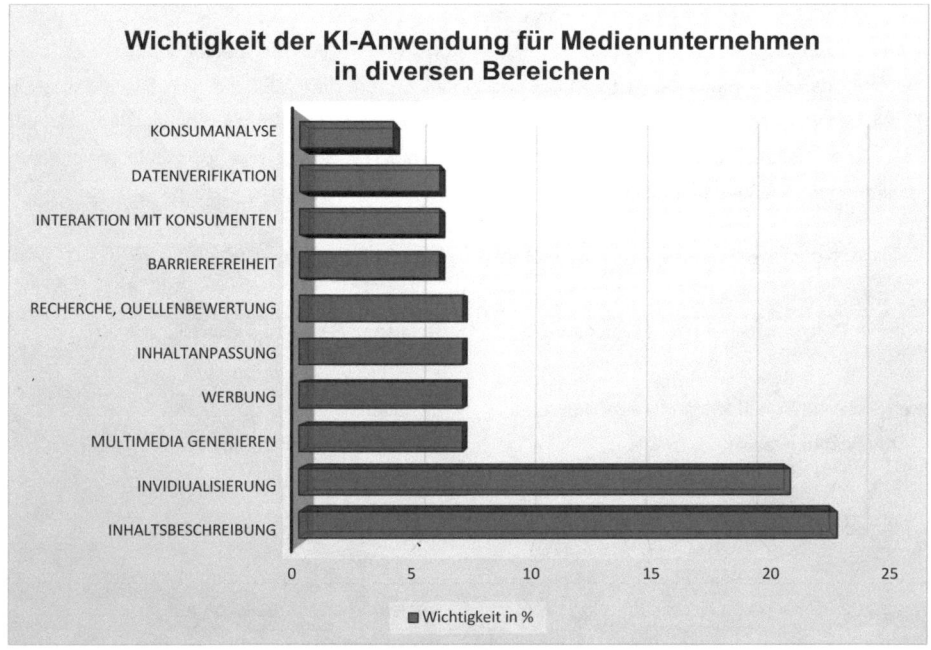

Abbildung 4 (Säulendiagramm): eigene Darstellung, angelehnt an AI.AT.Media (2021)

Es lässt sich aufgrund der dargestellten Wichtigkeit von Medienunternehmen sagen, dass KI-Systeme für die Beschreibung und Individualisierung bzw. Personalisierung von Inhalten für Konsumenten von großer Bedeutung sind, während diese für Werbungszwecke, Konsumanalysen oder Recherchen eine eher untergeordnete Rolle spielt. Die überwiegende Nutzung der KI-Technologien bringt allerdings neben der vielen bisher erwähnten Vorteilen auch negative Folgen mit sich, die in den nächsten Abschnitten ebenso resümiert werden.

4. Vorteilhafte Aspekte der Nutzung von KI-Systemen in den Medien

Wie bereits besprochen, dient der Einsatz von KI-Systemen generell dem Qualitätsmanagement von Medienunternehmen durch Unterstützung von Reportern oder Journalisten bei der Bewältigung von verschiedenen monotonen Tätigkeiten im Arbeitskontext wie das Beantworten von Kundenfragen oder Inhaltbeschreibungen zu verfassen. Einerseits werden also die Prozesse aufgrund der vorprogrammierten KI-Anwendungen schneller, welches wiederum die Bewertungen durch Konsumenten positiv beeinflusst. Anderseits wird der Ressourcenverbrauch von Journalisten optimiert bzw. verringert, sodass diese sich auf wichtigere Arbeitstätigkeiten wie Textverfassungen oder Reportagen vor Ort bei verschiedenen Ereignissen konzentrieren können. Auf psychologischer Ebene kann der Einsatz von KI-Systemen den monotonen Arbeitsalltag minimieren und führt somit sogar zu Zufriedenheits- und Leistungssteigerung von den dortigen erwerbstätigen, wenn diese zeit- und ressourcensparenden Programme einsetzen dürfen. Darüber hinaus ist der Einsatz künstlicher Intelligenz in den Medien aufgrund der hohen Konkurrenz zwischen Medienunternehmen sehr sinnvoll, da KI-Systeme Arbeitsabläufe beschleunigen und die Qualität von journalistischen Produkten verbessern (Seiler, R., Klaas, M., 2019). Die folgende Tabelle liefert einen Überblick über die bisher besprochenen sowie weiteren Vorteile des Einsatzes von KI mit ihren dadurch entstandenen Effekten im Mediensektor.

Vorteile der Anwendung von KI in den Medien	Verursachte Effekte
starke Personalisierung der Medieninhalte	hochspezifische Individualisierung für Konsumenten
ergänzende Funktion zur Unterstützung bei Arbeitstätigkeiten	Entlastung der Mitarbeiter von Medienunternehmen sowie Leistungssteigerung
innovative Globalisierung von Journalismus	ermöglicht neue Geschäftsmodelle
Automatisierung von Arbeitsabläufen und Entscheidungsprozessen	Verringerter Mitarbeiterbedarf in Unternehmen
Internationalisierung von Journalismus	Überwindung der Sprachbarrieren aufgrund automatischer Übersetzungen
Steigerung der Bequemlichkeit im Alltag	Medieninhalte werden gesprochen statt gelesen
Verbesserung der Qualität journalistischer Produkte	Verringerung von Rechtschreib- oder Stilfehlern

Tabelle: eigene Darstellung, angelehnt an Konrad-Adenauer-Stiftung (2019)

Viele soziale Netzwerke ermöglichen außerdem die Funktion des Kommentierens von Beiträgen für ihre Nutzer, um sich zu verschiedenen Themen äußern zu können. Allerdings wird diese Funktion von vielen Menschen durch diverse Hasskommentare, Mobbing und Volkverhetzungen missbraucht. In diesen Fällen sind KI-Systeme ebenfalls einsetzbar, da diese solche Kommentare schnell erkennen und effektiv löschen können. Diese Filterprozesse von Kommentaren erfolgen rund um die Uhr durch KI-Systeme viel schneller als solchen ähnlichen Prozessen von Menschen. Aus diesem Grund stellt dies ein weiterer Vorteil von KI-Einsatz dar, allerdings ist die Leistungsfähigkeit dieser auf Schlagwörtern programmierten Systeme stark eingeschränkt, da sie die Bedeutungen von Texten nicht gänzlich verstehen, sondern sich lediglich auf vorprogrammierte feindselige Schlagwörter begrenzen (Lossau, N., 2018).

In Bildungsinstituten und Arbeitswelten wird künstliche Intelligenz heutzutage –vor allem seit der weltweiten Covid-Pandemie vermehrt in Schulen, Universitäten und verschiedenen Unternehmen bei Aus- und Weiterbildungen eingesetzt, da der Zugang zu allgemeinen Informationen oder zu beruflicher Bildung dadurch erleichtert bzw. vereinfacht wird. Neue Technologien wie KI ermöglichen zudem interaktive Formen der Mediennutzung und neue Lernformen wie Fernunterricht und Online-Prüfungen. Die Nutzung von KI trägt auch zur Leistungs- und Zufriedenheitssteigerung von der studierenden oder auszubildenden bei, indem dies ihren Alltag durch das Abnehmen von Routinearbeiten entlastet und mehr Zeit für Freizeitaktivitäten oder Hobbys ermöglicht (aktuelles aus Europäischem Parlament, 2021). Nichtsdestotrotz birgt die zunehmende Abhängigkeit von KI-Systemen auch potenzielle Risiken in vielen Lebensbereichen, die wiederum negative Folgen für das Individuum und sozialen Gesellschaften verursachen können.

5. Folgen und Risiken vom Einsatz künstlicher Intelligenz

Beim Einsatz von KI gibt es klar definierte Grenzen, die sich hauptsächlich auf die Ergänzung der Fähigkeiten von Menschen bei der Überwindung von Alltags- und Arbeitsaufgaben beziehen. Wenn künstliche Intelligenz solche Tätigkeiten besser oder schneller als ein Mensch überwältigen kann – ihn prinzipiell ersetzt, gilt sie als Vernichtung menschlicher Arbeitskräfte (Reichelt, P., 2017). Viele Medienunternehmen sehen daher den überwiegenden Einsatz von KI-Systemen als der Schlüssel zum Personalabbau an. Laut einer Studie könnte in den nächsten 10 bis 20 Jahren insgesamt 47% aller Beschäftigten in den USA durch neue Techniken bzw. KI-Systeme ersetzt werden (Frey und Osborne, 2013).

Die Angst vor dem Verlust des Arbeitsplatzes ist allerdings bei Journalisten nicht berechtigt bzw. notwendig, da sie ihre Arbeit kreativ und emotional nach definierten gelernten Grundsätzen tätigen.

Journalisten verfügen also über die Fähigkeit der kritischen Nachfrage sowie eigene Meinungen zu diversen Themen zu formulieren und stellen somit durch ihre hervorragende soziale Identität eine direkte Bedeutung für die Gesellschaft dar. Konträr dazu zeigen Maschinen bzw. künstliche Intelligenz keinerlei Emotionen und sind also nicht in der Lage dazu, auf außergewöhnliche Ereignisse zu reagieren oder darüber dementsprechend emotional zu berichten. Beispielsweise kann bei einer internationalen Fußballfinale ein mitfühlender Journalist die dramatischen Wendungen des Fußballspiels eindeutig emotionaler und besser beschreiben (Pohl, R., 2020).

Zusammenfassend lässt sich also sagen, dass der Einsatz von KI bei Journalismus neben der möglichen Gefährdung von automatisierten mittelqualifizierten Berufen auch einen Nachteil der sozialen Gefühlslosigkeit mit sich bringt. Zugleich besteht auf psychosozialer Ebene durch die überwiegende Nutzung von KI bei vielen alltäglichen Social-Media Plattformen oder virtuellen Computerspielen die Gefahr, dass die Entfremdung oder Entpersonalisierung der Gesellschaft und die soziale Isolation des Individuums gefördert wird –besonders bei den jungen Nutzern, die heutzutage zunehmend von sozialen Netzwerken abhängig sind, da sie Medien als Dopamin-produzierenden Maschinen betrachten, die für ihre andauernde Zufriedenheit und Glück sorgen. Diese überwiegende Nutzung von sozialen Medien findet sogar ohne das bewusste Wissen der Nutzer darüber, dass die persönlichen Inhalte in den sozialen Netzwerken lediglich aufgrund der Erkennungs- und Speicherungsfunktion von integrierten KI-Systemen so personalisiert werden, dass überwiegend relevante Inhalte sowie manipulative Werbungen zum Kauf von bestimmten Artikeln auf der Startseite und beim Durchscrollen ständig gezeigt werden. Demzufolge haben Medien eine hohe Nutzerbindung bzw. zunehmend Macht über ihre Nutzer und führen demzufolge zur Ersetzung von realen sozialen Kontakten oder Vermeidung von zwischenmenschlichen Beziehungen. Betrachtet Man die Nutzung von den sogenannten KI-Sprachassistenten bzw. Dialog-Roboter, wird es deutlich, dass diese immer häufiger an der Stelle von Gesprächspartner auftreten und eine soziale Verbindung bzw. Beziehung zu ihren Menschen aufbauen. Diese Dialog-Roboter haben rund um die Uhr ein offenes Ohr für Menschen, auch wenn andere Familienangehörigen oder Freunde beispielsweise längst im Bett liegen und sind sogar meist frei zugänglich. Zudem können viele Dialog-Roboter individuell bearbeitet bzw. nach Wunsch und eigenen Fantasien gebaut werden (Sieber, A., 2019). Das Prinzip der Personalisierung von Inhalten durch KI auf Basis des individuellen Konsumverlaufs klingt zwar attraktiv, allerdings entsteht als Folge davon eine sogenannte Filterblase, die Menschen dazu bringt, lediglich solche Nachrichten und Informationen zu lesen, die mit ihren persönlichen Erwartungen und Meinungen konform sind, anstatt über den eigenen Tellerrand zu schauen und sich über eigentliche Weltereignisse einen Überblick zu verschaffen (Almond, S., 2019).

Darüber hinaus sind die Haftung und rechtliche Lage vom Einsatz der KI in den Medien langwierig, da die KI-Systeme nicht zur Rechenschaft gezogen werden können. Stattdessen werden meist

Hersteller oder Programmierer vom jeweiligen fehlerhaften System für schädliche Fehler oder Datenschutzverstöße verantwortlich gemacht. Zudem können die selbstlernenden Algorithmen von KI-Systemen auch zwecks Nutzerschäden bzw. Online-Kriminalität eingesetzt werden, um beispielsweise Passwörter zu entschlüsseln oder einen Zugriff auf personenbezogenen Daten zu erhalten und diese anschließend missbräuchlich zu nutzen. Daher stellt dies auch eine Herausforderung für Versicherungsbranchen dar, da es die Einführung neuer Versicherungs-modellen für Privatpersonen, Unternehmen oder Programmierer bezüglich Datenschutzrichtlinien, Reputationsschäden oder Hackerangriffen voraussetzt (Bruch, M. 2018). Anschließend wird zum Abschluss ein Fazit zum Thema KI in den Medien mit den wichtigsten Aspekten formuliert.

6. Fazit

Diese Seminararbeit neigt sich dem Ende zu. Ganz anders ist es mit der künstlichen Intelligenz und ihrer Anwendungsmöglichkeiten, denn wir stehen hier noch ziemlich am Anfang dieser raschen technologischen Entwicklung. KI ist heutzutage ein Teil unseres beruflichen und privaten Alltags, der sich sicherlich in den nächsten Jahren auf vielen Ebenen weiterentwickeln und dabei weitere zusätzliche Technologien vorantreiben wird. Zwar eröffnet KI zahlreiche innovative Möglichkeiten und hilft uns enorm in unserem Alltag, aber wie jede Medaille hat auch sie zwei verschiedenen Seiten. Die Medienunternehmen müssen daher sicherstellen, dass der Einsatz von KI allen Beteiligten unter Wahrung der ethischen Prinzipien und Werte des Journalismus zugutekommt und durch vorsichtigen Umgang bei der Datenerfassung sowie Nutzung aufrechterhalten wird. Andernfalls könnte der Einsatz von künstlicher Intelligenz zukünftig mehr negative Auswirkungen als Vorteile verursachen.

Was wir als Menschen allerdings tun können ist, mit solchen modernen Technologien transparent umzugehen und diese derzeitige Anfangs- bzw. Entwicklungsphase zu unserem Vorteil zwecks des frühzeitigen Sammelns von Erfahrungen in diversen Anwendungsbereichen der KI auszunutzen. Dadurch kann es uns gelingen, die negativen Auswirkungen und Einflussfaktoren der zukünftigen KI-Anwendungen oder Automatisierungssystemen zu vermeiden. Daher dürfen wir tatsächlich gespannt sein, inwiefern KI weiterhin in den Medien und Alltagtätigkeiten genutzt wird, oder ob wir irgendwann durch diese modernen Technologien evtl. ersetzt werden.

Literaturverzeichnis

Allianz-Studie (2018): Vorteile und Risiken künstlicher Intelligenz.

Almond, S. (2019): warum KI für Medienunternehmen nicht nur Vorteile hat. In: FKT Magazin.

Apt, W., Priesack, K. (2019): KI und Arbeit – Chance und Risiko zugleich. Springer, Berlin, Heidelberg, S 221-238.

Beck, S., Grunwald, A., Jacob, K. & Matzner, T. (2019): Künstliche Intelligenz und Diskriminierung. Herausforderungen und Lösungsansätze.

Bruch, M., Münch, V. (2018): neue Risiken – neues Underwriting.

Cornelius, A. (2019) : Künstliche Intelligenz: Entwicklung, Erfolgsfaktoren und Einsatzmöglichkeiten, Freiburg. 1. Auflage.

Europäisches Parlament (2021): künstliche Intelligenz: Chancen und Risiken.

Frey, C., Osborne, M. (2013): Study of employment and computerization in the USA.

Gardner, H. (2008): multiple Intelligenzen in der Psychologie.

Giering, O. (2022): Künstliche Intelligenz und Arbeit: Betrachtungen zwischen Prognose und betrieblicher Realität, Zeitschrift für Arbeitswissenschaft No.76, Springer, Berlin.

Habel, D. (2019): Roboterjournalismus – 1. Auflage, Deutschland.

Hamisch, K., Kruschel, R. (2022): Zwischen Individualisierungsversprechen und Vermessungsgefahr. Die Rolle der Schlüsseltechnologie Künstliche Intelligenz in der inklusiven Schule - In: Grenzen.Gänge. Zwischen.Welten. Kontroversen – Entwicklungen – Perspektiven der Inklusionsforschung. Bad Heilbrunn: Verlag Julius Klinkhardt, S. 108-115.

Österreichische Wochenzeitung für Werbung, Medien und Marketing, Horizont (2021): N.55 von künstlichen Medien, Wien.

Kirste, M., Schürholz, M. (2019): künstliche Intelligenz, Springer, Wiesbaden.

Kreye, A. (2021): künstliche Intelligenz – die rote Linie. In: süddeutsche Zeitung.

Langer, U. (2012): Roboter als Reporter, *Magazin für Journalisten*, 9, S. 34.

Lenzen, M. (2018): Künstliche Intelligenz. Was sie kann und was uns erwartet. München.

Lossau, N. (2018): KI und die Medien – wie künstliche Intelligenz die Medien verändert, Konrad Adenauer Stiftung: Analyse und Argumente von digitaler Gesellschaft.

Mainzer, K. (2016): Künstliche Intelligenz – Wann übernehmen die Maschinen? Berlin/Heidelberg.

Meier, K. (2021): KI als Anwendung im Journalismus: zwischen Misstrauen und Aufklärung, KI-Campus.

Newman, N. (2021): Journalism, Media, and Technology Trends and Predictions. S30-50.

Paaß, G., Hecker, D. (2020): Was ist intelligent an Künstlicher Intelligenz? Springer, Wiesbaden.

Pohl, R. (2020): Roboterjournalismus – Nutzen oder Gefahr?

Reichelt, P. (2017): Einführung in den Roboterjournalismus, Bedrohung oder Chance? Baden-Baden S.46-54.

Reuters Institute for the Study of Journalism (2020): digital news Report.

Seiler, R., Klaas, M., Hari, J. (2019): Künstliche Intelligenz im Marketing.

Sieber, A. (2019): Dialogroboter – wie Bots und künstliche Intelligenz Medien und Massenkommunikation verändern, Springer, Wiesbaden.

SOEP-IS (2019): Survey report Studie– Innovation Sample, DIW Berlin.

Tusch, R. (2017): Medienforscher über Roboterjournalismus: In der Massenproduktion schneiden Maschinen besser ab als Menschen. In: meedia.com

Zawacki-Richter, O., Marin, V., Bond, M., Gouverneur, F. (2020): Einsatzmöglichkeiten Künstlicher Intelligenz in der Hochschulbildung, Digitale Bildung und Künstliche Intelligenz in Deutschland, Springer, Wiesbaden. S132-165.